BEI GRIN MACHT SICH IHR WISSEN BEZAHLT

AF136091

- Wir veröffentlichen Ihre Hausarbeit, Bachelor- und Masterarbeit

- Ihr eigenes eBook und Buch - weltweit in allen wichtigen Shops

- Verdienen Sie an jedem Verkauf

Jetzt bei www.GRIN.com hochladen und kostenlos publizieren

Bibliografische Information der Deutschen Nationalbibliothek:

Die Deutsche Bibliothek verzeichnet diese Publikation in der Deutschen National-
bibliografie; detaillierte bibliografische Daten sind im Internet über http://dnb.d-
nb.de/ abrufbar.

Impressum:

Copyright © 2017 GRIN Verlag
Druck und Bindung: Books on Demand GmbH, Norderstedt Germany
ISBN: 9783346098757

Dieses Buch bei GRIN:

https://www.grin.com/document/512187

Jannik Mohns

Verkaufsorganisation und Kundenorientierung mit dem 13 Stufen Modells des Verkaufs. Fallbeispiel eines EMS-Studios

GRIN Verlag

GRIN - Your knowledge has value

Der GRIN Verlag publiziert seit 1998 wissenschaftliche Arbeiten von Studenten, Hochschullehrern und anderen Akademikern als eBook und gedrucktes Buch. Die Verlagswebsite www.grin.com ist die ideale Plattform zur Veröffentlichung von Hausarbeiten, Abschlussarbeiten, wissenschaftlichen Aufsätzen, Dissertationen und Fachbüchern.

Besuchen Sie uns im Internet:

http://www.grin.com/

http://www.facebook.com/grincom

http://www.twitter.com/grin_com

Inhaltsverzeichnis

1 Verkaufsorganisation

Tabelle 1: Klassifizierung

Name der Anlage und Standort	EMS-Studio Mustermann
	Klassifizierung/Einordnung
Anlagenstruktur	Gemischtes Studio
Größe der Anlage	>300 qm
Preisstruktur der Anlage	>90 €
Beschreibung der Kernleistungen	Elektro-Muskel-Stimulation Training, dh. 1 mal die Woche 20 Minuten Ganzkörpertraining mit Kleingeräten und funktionalen Übungen

1.1 Verkaufsprozess

Die untere Tabelle beschreibt den Verkaufsprozess einer Mitgliedschaft.

Tabelle 2: Verkaufsprozess

Phase	Inhalt
Vorbereitung	Sämtliche Dokumente werden bereit gelegt und vorhandene Daten zum Kunden zusammengetragen
Begrüßung	Der Kunde wird begrüßt und Getränke werden angeboten
Anamnesegespräch	Der Anamnese Bogen wird zusammen mit dem Kunden ausgefüllt und Ziele mit dem Kunden erarbeitet
Einführung EMS	Der Kunde bekommt einen Rundgang und Informationen über die Unterkleidung, die Weste und das Einsprühen dieser
Impulsgewöhnung	5 Minuten Programm, um mit dem Kunden die ersten Werte für das Training zu ermitteln

Phase	Inhalt
Training	12 Minuten EMS-Training
Gespräch und evtl. Abschluss	Feedback wird vom Kunden eingeholt und das Training besprochen. Im Anschluss werden die Preise und Mitgliedschaften präsentiert. Bei Abschluss wird ein Folgetermin vereinbart.

1.2 Vergleich mit den 13 Stufen des Verkaufs

In der unteren Tabelle werden die „13 Stufen des Verkaufs" dargestellt, um diese im Anschluss mit der Tabelle 2 Verkaufsprozess zu vergleichen.

Tabelle 3: 13 Stufen des Verkaufs

Stufe	Merkmale/Handlungen verkürzt
1. Vorbereitung	-Terminmanagement -Benötigte Unterlagen -Informationen über den Interessenten -Mentale Einstellung
2. Kontaktaufnahme	-Blickkontakt, Mimik, Gestik -Namen austauschen
3. Aufbau einer persönlichen Beziehung	-Begründung für das Beratungsgespräch -Einsatz positiver, nonverbaler Körpersprache
4. Bedarfsanalyse	-Bewusste/unbewusste Bedürfnisse herausgefunden -Notizen machen -aktiv zuhören -Pacing eingesetzt
5. Die Angebotspräsentation	-Merkmale beschreiben -Vorteile aufzeigen -Nutzen liefern
6. Die Angebots- und Bestätigungsstufe	-Bestätigungs- und Suggestivfragen stellen

Stufe	Merkmale/Handlungen verkürzt
7. Grundsatzentscheidung	Frage und Antwort zur Grundsatzentscheidung
8. Preispräsentation	-Möglichkeiten und Preisgestaltung aufzeigen -Preis und Nutzen in Relation setzten
9. Das „Ja" für die Mitgliedschaft	-Empfehlung aussprechen -Einsatz Alternativfragen
10. Die Preispräsentation für das Startpaket	-Nutzen Startpaket aufzeigen -Relation Preis/Leistung
11. Vorabschluss	-Vorabschluss durchführen -Meinungsfragen einsetzen
12. Abschluss	-Abschluss durchführen
13. After Sales	-Kognitive Dissonanz vermeiden

Innerhalb des Vergleiches der „13 Stufen des Verkaufs", mit dem „Verkaufsprozess im EMS-Studio Mustermann", folgen zunächst die Überscheidungen beziehungsweise die Gemeinsamkeiten. Im Sinne der Lesbarkeit wird im folgendem vom „13 Stufen Modell" und im oder bei „Mustermann" gesprochen.

Die Stufen „Vorbereitung, Kontaktaufnahme und der Aufbau einer persönlichen Beziehung" sind auch im Verkaufsprozess des EMS-Studios Mustermann zu finden. Wobei das erste Modell weit aus differenzierter ist und daher bei „Mustermann" Stufe 2 und 3 in der Begrüßung vorkommen. Die Stufen „Bedarfsanalyse" und „Anamnesegespräch" ähneln sich auch stark. Das Anamnesegespräch wird mit Hilfe eines Anamnesebogens durchgeführt, um den Prozess zu Standardisieren. Dieser beinhaltet Vorerkrankungen, Ziele des Kunden, Problemzonen, zuletzt betriebener Sport, Vorsätze und sonstige relevante Informationen, die der Kunde im Gespräch nennt. Entspricht insofern den meisten Punkten, der „Bedarfsanalyse". Am Ende beider Modelle sind die letzen Gemeinsamkeiten zu finden. Die im „13 Stufen Modell" genannten Stufen „Angebotspräsentation, Preispräsentation und Abschluss" finden sich bei „Mustermann" unter „Gespräch" wieder. Hier werden zunächst auch Vorteile, Nutzen und Merkmale beschrieben, um dann im Anschluss die Preismodelle vorzustellen. Daraufhin entscheidet der Kunde sich für oder gegen eine Mitgliedschaft.

Die Unterschiede lassen sich in zwei Kategorien einteilen:

1. Stufen, die so nicht vorkommen, aber in anderen zu finden sind
2. Stufen, die nicht vorkommen

Zur Kategorie 1 gehören „die Kontaktaufnahme und der Aufbau einer persönlichen Beziehung". Beides fließt bei „Mustermann" in Begrüßung zusammen. „Die Angebotspräsentation, Preispräsentation für die Mitgliedschaft, „Ja" für die Mitgliedschaft und der Abschluss" sind in „Gespräch mit evtl. Abschluss" zu finden.

Zur Kategorie 2 gehören „die Angebots- und Bestätigungsstufe, Grundsatzentscheidung, Preispräsentation für das Startpaket, Vorabschluss und After Sales". Es kann natürlich vorkommen, dass es Gespräche gibt, die weniger oder mehr Stufen erfüllen. Das hängt vom Verkäufer bzw. auch vom Kunden ab, da bei „Mustermann" drei verschiedene Personen die Beratungsgespräche durchführen und es keinen Leitfaden gibt. Es gibt auch Stufen, die das „13 Stufen Modell" nicht abdecken, da es nicht EMS spezifisch ist. Zum Beispiel „Einführung EMS und Training".

1.3 Verkaufsprozessoptimierung

Der Ablauf Beratung, Training und im Anschluss Verkauf einer Mitgliedschaft funktioniert gut, allerdings ist das „13 Stufen Modell" deutlich genauer und damit als Leidfaden für Mitarbeiter auch besser geeignet. Die erste Optimierung ist aus dem „Verkaufsprozess bei „Mustermann" einen standardisierten und differenzierten Leitfaden zu machen. Im Detail müsste das Startpaket nicht nur genannt werden, sondern auch verkauft werden und als Extraleistung dargestellt werden. Nur das benennen und der Preis (80 €), könnte zu Verständnisschwierigkeiten beim Kunden führen. Ebenso die Preis/Leistung Erklärung hat noch Optimierungsbedarf. In der Praxis stellt man immer wieder fest, dass es schwierig sein kann, einem Kunden zu erklären, warum er für einmal die Woche 20 Minuten Training 80-120 € Euro ausgeben soll. Gerade bei skeptischen Kunden fällt es dann schwer, den Preis klein und die Leistung groß darzustellen. Die Phase „after sales" ist beim Verkaufsprozess des Studios auch nicht zu finden, da sie nicht stattfindet. In dieser kritischen Phase muss noch nachgebessert werden, gerade auch dann, wenn der Kunde vom Nutzen noch nicht vollständig überzeugt ist. Damit spielt es auch in den davor genannten Punkt mit rein.

2 Kundenorientierung

2.1 Konzept der Selbstkonkordanz – Transformation der Modi

Das Modell der Selbstkonkordanz stellt vier verschiedene Modi der Motivation dar: Externaler Modus, Introjizierter Modus, Identifizierter Modus und den Intrinsischer Modus. Es soll erklären, warum zum Beispiel Sport gemacht wird.

Im folgendem werden Maßnahmen dargestellt um einer Person zu helfen von einem in den andern Modus zu gelangen:

1. Externaler Modus   → Introjizierter Modus
2. Introjizierter Modus   → Identifizierten Modus
3. Identifizierten Modus → Intrinsischen Modus

Für die erste Transformation kann die Reflexion angeregt werden, das heißt zum Beispiel bei Trainerstunden über das Training des Kunden reden: „Wie veränderst du dich? Wie nimmst du das Training war? Oder Wie reagieren deine Freunde/Familie auf deine neue Aktivität?" Das führt dazu, dass der Kunde sich mit dem Sport auseinandersetzt und evtl. einen höheren Nutzen sieht. Die zweite Möglichkeit dies zu erreichen, ist mit einem Tandem Partner. Entweder aus dem Umfeld des Kunden oder vielleicht ein Bestandsmitglied, sodass dieser den Kunden „mitzieht" und auch mit ihm oder ihr über das Training spricht und man sich gegenseitig motivieren kann. Im EMS Bereich ist dies deutlich leichter umzusetzen, da man selbst die Termine bucht und maximal 2 Menschen trainiert.

Für die zweite Transformation kann das Augenmerk mehr auf die Ziele des Kunden gerichtet werden. Um von dem Ziel „weil der Arzt das gesagt hat" weg zu kommen, sollten eigene Be-Ziele und Do-Ziele erarbeitet werden. Dann weiß der Kunden, wo er hin möchte und wie er dahin kommt. Um ihm dabei zu helfen verwendet das Personal eine positive Sprache und lobt den Kunden. Die Progression kann dann mit Hilfe von Re-Checks und Test fest gehalten und präsentiert werden, damit er sieht, dass er sich seinen Zielen nähert.

Für die dritte Transformation wird der Kunde bei dem Erreichen seiner Ziele weiterhin tatkräftig unterstützt. Wichtig ist, dass die Ziele anspruchsvoll, aber auch erreichbar sind. Dabei helfen ihm auch neue Reize in Form von neuen Kursen oder Trainingsplänen. Dies hält die Motivation hoch und soll verhindern, dass dem Kunden langweilig wird. Spielerisch kann die Transformation noch mit kleinen Wettkämpfen unter den

Mitgliedern unterstützt werden. Zum Beispiel wer in 1-3 Monaten bei der nächsten Messung am meisten Muskulatur aufgebaut oder am meisten Fett abgebaut hat.

2.2 Kundenbindung

Die erste mögliche Maßnahme um dem „Motivationsloch" entgegen zu wirken, ist die termininierung für neue Trainingspläne in Verbindung mit Re-Checks. Dann hat der Kunde einen roten Faden und weiß genau, wie lange er was macht und wann die nächste Messung ansteht. Dies zeigt dem Kunden auch die Beschäftigung mit ihm und das seine Ziele dem Trainerteam wichtig sind. Wie oben schon erwähnt, sind Mitglieder Wettkämpfe geeignet, um die Community zu stärken und um die Mitglieder noch mehr anzuspornen. Wettkämpfe stärken das Wirgefühl und neue Mitglieder fühlen sich dadurch besser integriert. Eine andere Möglichkeit, die in eine ähnliche Richtung abzielt, ist das Tandem-Training. Entweder melden sich zwei Mitglieder schon zusammen an oder man sucht für ein neues Mitglied ein geeignetes Stammmitglied. Organisierbar ist das Tandem-Training auch über ein Kundenportal bzw. ein Forum. Auf diesem können Mitglieder sich über viele Dinge austauschen und auch einen Tandempartner suchen. Präventiv kann im Studio auch über das „Motivationsloch" informiert werde, zum Beispiel in Form eines Vortrages, da viele Mitglieder eine falsche Vorstellung vom Training haben. Wenn es dann schon dazu gekommen ist, dass ein Mitglied nicht mehr regelmäßig kommt, ist ein Feedbacktelefonat hilfreich. Man kann mit den Kunden über mögliche Gründe sprechen und gegebenenfalls eine gemeinsame Lösung erarbeiten. Abgesehen von all diesen Maßnahmen, sind regemäßiges und ernstgemeintes Loben, Freundlichkeit, eine positive Sprache und Interesse am Kunden wichtig.

2.3 Zusatzverkäufe

Da es sich bei dem vorliegenden Betrieb um ein EMS-Studio handelt, sind die Zusatzverkäufe sehr begrenzt. Zum einen wird eine spezielle Unterkleidung verkauft oder verliehen. Diese ist nicht mit im Startpaket inkludiert und muss gekauft werden, da sonst kein Training möglich ist. Desweiteren werden noch Proteinriegel und Mineralgetränke verkauft. Diese werden vom Team nach dem Training empfohlen und einzeln gekauft oder direkt als Großpackung. Diese beiden extra Leistungen sind die einzigen Zusatzverkäufe, die es in diesem Unternehmen gibt und damit gibt es in dem Bereich noch viel Potenzial. Als Zusatztraining wäre ein extra Stoffwechseltraining zusätzlich zum normalen Krafttraining einmal die Woche möglich. Damit spricht man besonders Kunden an, die Gewicht verlieren möchten und ihre Ausdauer trainieren wollen. Die beiden Aspekte werden von dem normalen Krafttraining nur wenig abgedeckt. Vermarkten kann man es, als „mach dich fit für den Sommer" und besonders am Jahresanfang. Ein weiteres Programm, welches die EMS-Geräte noch haben, aber welches nicht durchgeführt wird, ist das „Bodyrelax" Programm. Dieses senkt die Spannung in der Muskulatur, löst Verspannungen und baut Stress ab. Als Zusatzverkauf bietet man es dann auch 20 Minuten einmal die Woche an. Mögliche Interessenten sind Menschen mit Verspannungen, zum Beispiel im Hals- und Nackenbereich oder Berufstätige, die es als Massage nutzen. Beide Programme würden das Training komplementieren und das „Bodyrelax" Programm erhöht den Wellness-Faktor der Einrichtung. Eine letzte Möglichkeit ist die Einführung von Kursen. Für den Anfang bieten sich Kurse wie Nordic Walking oder eine Laufgruppe an. Also gerade im Outdoor Bereich, da das andere Training innen stattfindet. Bei diesen Kursen ist die Umsetzung nicht schwer oder mit vielen Kosten verbunden und sie bieten den Kunden einen Mehrwert. Mögliche Interessenten sind alle Mitglieder, die gerne Sport in Gruppen machen. Dadurch wird auch ein Bereich abgedeckt, den sonst nur traditionelle Fitnessstudios anbieten.

3   Teams, Motivation & Führung

3.1 Teamentwicklung

Die folgende Tabelle stellt für jede Phase des Phasenmodells der Teambildung (Tuckman) Maßnahmen dar, die der Teamleiter zur Unterstützung in der Teamentwicklung durchführen kann.

Tabelle 4: Maßnahmen

Phase	Maßnahmen
Forming	1. Phase sehr gut vorbereiten und planen, dass heißt die Art des Kennenlernens (Spiel) und Vorstellung der einzelnen Teammitglieder vorbereiten, damit der Start möglichst gut beginnt 2. Eine entspannte und fruchtbare Atmosphäre schaffen z.B. durch die Wahl des Raumes/Zeit
Storming	1. Im Konsens Feedbackregeln erarbeiten und auf die Einhaltung achten, damit mögliche Probleme zielgerichtet und nicht persönlich gelöst werden können. 2. Teammitglieder bei der Findung der Stärken/Schwächen helfen und dazu Ermutigen, um eine möglichst schnelle Rollenfindung zu ermöglichen
Norming	1. Arbeitsziel/Thema darstellen und verschiedene Aspekte zum Thema erarbeiten, um den Fokus nach der Stormingphase wieder auf die Sache zu setzen 2. Methoden vorstellen/erarbeiten, wie das Ziel zu erreichen ist und sich auf eine Arbeitsweise einigen
Performing	1. Teamleiter sollte hier inhaltlich mitarbeiten und möglichen Probleme früh erkennen, damit das Team nicht in eine frühere Phase zurück fällt. 2. Anerkennung für jede Einzelleistung geben und dann das Ergebnis zusammenführen.

Zusätzlich ist der Teamleiter in der Stormingphase am meisten gefordert. Diese Phase lässt sich im Vorfeld am wenigsten planen und vorbereiten und die Gefahr, dass das Team zusammenbricht ist hier am höchsten. In der Phase gibt es am meisten Konflikte und daher ist es besonders wichtig alle in dieser Phase zu schlichten, damit ich der Normingphase der Fokus wieder auf das Thema gesetzt werden kann.

3.2 Motivation

„Gruppenprovisionen sind in der Fitnessbranche die beste Möglichkeit die Mitarbeiter im eigenen Unternehmen dauerhaft zu motivieren"

Die oben getroffene Aussage ist eine Verallgemeinerung, die vielleicht auf bestimmten Mitarbeiterkonstellationen zutrifft, allerdings nicht auf alle. Das Provisionsmodell birgt auch etliche Gefahren, denn die Gruppenprovision ist anfälliger für Missbrauch. So werden leistungsschwächere Mitarbeiter trotzdem belohnt und leistungsstärkere erarbeiten dies. Die Einzelleistung ist nicht genau zuzuordnen. In diesem Szenario, ist der der Hauptvorteil der Gruppenprovision, nämlich der, dass bei diesem Modell ein Wirgefühl erzeugt wird und die Teamentwicklung positiv beeinflusst wird, ein Nachteil. Leistungsstärkere Mitarbeiter verlieren die Motivation, da sie in die „Taschen der anderen" arbeiten. Allerdings beeinflusst ein harter Konkurrenzkampf um die Provision, die Teamentwicklung auch negativ. Wozu es kommen kann, wenn sich jeder seine eigene Provision erarbeiten muss und es begrenzt Kunden/Material etc. gibt. Demnach ist eine pauschale Aussage über die beste Motivationsmöglichkeit der Mitarbeiter sehr schwer zu treffen.

Es kommt auch die Persönlichkeiten, das Arbeitsfeld und die Führung an, welches Modell besser funktioniert.

3.3 Führung

3.3.1 Fallbeispiel 1

„Meine Mitarbeiter haben von mir exakte Vorgaben bekommen, wie Sie Ihre Aufgaben zu erledigen haben. Einzelne Aufgaben, wie die Reinigung und Wartung der Trainings-geräte, habe ich sogar auf „To-Do-Listen" bis ins kleinste Detail aufgesplittet, damit sie auch ja nichts vergessen. Auch das Servicepersonal und die Trainer auf der Trainings-fläche haben exakte Anweisungen bekommen, was sie zu tun und wie sie zu arbeiten haben. Mehrmals täglich mache ich meine Kontrollgänge durch die Anlage, um zu überprüfen, ob meine Mitarbeiter auch wirklich so arbeiten, wie ich es ihnen gesagt habe. Springt mal einer der Mitarbeiter aus der Rolle und macht nicht das, was ich ihm sage, dann wird er sanktioniert. Ab und an kommen die Mitarbeiter mit irgendwelchen Schnappsideen und angeblichen Verbesserungsvorschlägen zu mir, aber diese Hirnge-spinste rede ich ihnen gleich wieder aus."

Hierbei handelt es sich um den direktiven Führungsstil. Es liegen sowohl klare Anwei-sungen, als auch Überwachungsmaßnahmen vor, die Zielabweichungen direkt sichtbar machen. In diesem speziellen Beispiel unterscheidet der Vorgesetzte nicht in der Kom-plexität der Aufgaben und geht auch auf Feedback nicht ein.

3.3.2 Fallbeispiel 2

„Wir sind ein relativ junges Start-Up Unternehmen und mit unseren Angeboten im „Functional Training" erst seit einem Jahr am Markt. Wir sitzen häufig im Team zu-sammen und reden viel über unsere Arbeit, die gemeinsamen Ziele, mögliche Wege, wie wir uns verbessern können, aber auch über alle erdenklichen sonstigen Dinge, die mit der Arbeit direkt wenig zu tun haben. Wir sind ein tolles, eingespieltes Team. Jeder hilft jedem und wir haben viel Spaß bei der Arbeit. Auch in unserer Freizeit hängen wir viel miteinander ab, treffen uns zum Sport oder auch einfach zum Grillen am See. Mir selbst ist es wichtig, dass sich jeder Einzelne im Team wohlfühlt und sich völlig frei entfalten kann. Jeder soll die Möglichkeit haben sich weiterzuentwickeln und sich auch im beruflichen Kontext selbst zu verwirklichen. Ich bin mir sicher, dass wir als Team durch unsere Harmonie und den starken Zusammenhalt auch schwierige Situationen erfolgreich meistern können und noch viel erreichen werden."

Hierbei handelt es sich um den affiliativen Führungsstil, da die meisten Entscheidungen im Konsens getroffen werden und der Vorgesetzte seinen Mitarbeitern viel Raum zur persönlichen Entwicklung gibt. Die harmonische Teamarbeit steht im Vordergrund und geht über das Arbeitsverhältnis hinaus. Zusätzlich gibt es viele Teamgespräche und Möglichkeiten des Feedbacks.

4 Controlling

4.1 Kennzahlen im Vertrieb an einem fiktiven Beispiel

Tabelle 5: Kennzahlen

Vertriebsmitarbeiter	Mellie			Miguel			Simone		
	Jan	Feb	Mär	Jan	Feb	Mär	Jan	Feb	Mär
Durchgeführte Beratungen	63	60	61	81	75	74	39	42	42
Abschlüsse	28	25	24	72	69	67	33	34	35
Telefonanrufe aktiv+passiv	111	99	103	110	120	118	196	180	185
Vereinbarte Beratungstermine	89	83	80	90	96	85	72	80	82

Es folgen die Berechnungen der Telefonquote für Mellie, Miguel und Simone für das Quartal.

$$\frac{Anzahl\ der\ vereinbarten\ Beratungstermine}{Anzahl\ Interessentenanrufe} \times 100$$

Mit Hilfe dieser Formel rechnet man die Telefonquoten für die Monate Januar, Februar und März aus. Addiert diese und teilt diese durch drei, um den Quartalsdurchschnitt zu erhalten:

$$\left(\frac{89}{111} \times 100 + \frac{83}{99} \times 100 + \frac{80}{103} \times 100\right) \div 3 = 80{,}56282231$$

Abbildung 1: Telefonquote Mellie

Die Telefonqoute von Mellie beträgt 80,56.

$$\left(\frac{90}{110} \times 100 + \frac{96}{120} \times 100 + \frac{85}{118} \times 100\right) \div 3 = 77{,}95069337$$

Abbildung 2:Telefonquote Miguel

Die Quote von Miguel beträgt 77,95

$$\left(\frac{72}{196} \times 100 + \frac{80}{180} \times 100 + \frac{82}{185} \times 100\right) \div 3 = 41{,}83448755$$

Abbildung 3:Telefonquote Simone

Die Quote von Simone beträgt 41,83.

Es folgen die Berechnungen der Termineinhaltungsquoten für Mellie, Miguel und Simone für das Quartal.

$$\frac{Anzahl\ der\ erschienenen\ Beratungstermine}{Anzahl\ der\ vereinbarten\ Beratungstermine} \times 100$$

Mit Hilfe dieser Formel rechnet man die Termineinhaltungsquote für die Monate Januar, Februar und März aus. Addiert diese und teilt diese durch drei, um den Quartalsdurchschnitt zu erhalten:

$$\left(\frac{63}{89} \times 100 + \frac{60}{83} \times 100 + \frac{61}{80} \times 100\right) \div 3 = 73{,}10855783$$

Abbildung 4:Termineinhaltungsquote Mellie

Die Termineinhaltungsquote von Mellie beträgt 73,09.

$$\left(\frac{81}{90} \times 100 + \frac{75}{96} \times 100 + \frac{74}{85} \times 100\right) \div 3 = 85{,}06127451$$

Abbildung 5:Termineinhaltungsquote Miguel

Die Termineinhaltungsquote von Miguel beträgt 85,06.

$$\left(\frac{39}{72} \times 100 + \frac{42}{80} \times 100 + \frac{42}{82} \times 100\right) \div 3 = 52{,}62872629$$

Abbildung 6:Termineinhaltungsquote Simone

Die Termineinhaltungsquote von Simone beträgt 52,63.

Es folgen die Berechnungen der Abschlussquoten für Mellie, Miguel und Simone für das Quartal.

$$\frac{Anzahl\ der\ abgeschlossenen\ Mitgliedschaften}{Anzahl\ der\ durchgeführten\ Beratungstermine} \times 100$$

Mit Hilfe dieser Formel rechnet man die Abschlussquote für die Monate Januar, Februar und März aus. Addiert diese und teilt diese durch drei, um den Quartalsdurchschnitt zu erhalten:

$$\left(\frac{28}{63} \times 100 + \frac{25}{60} \times 100 + \frac{24}{61} \times 100\right) \div 3 = 41{,}81845780$$

Abbildung 7:Abschlussquote Mellie

Die Abschlussquote von Mellie beträgt 41,82.

$$\left(\frac{72}{81} \times 100 + \frac{69}{75} \times 100 + \frac{67}{74} \times 100\right) \div 3 = 90{,}47647648$$

Abbildung 8:Abschlussquote Miguel

Die Abschlussquote von Miguel beträgt 90,48.

$$\left(\frac{33}{39} \times 100 + \frac{34}{42} \times 100 + \frac{35}{42} \times 100\right) \div 3 = 82{,}96703297$$

Abbildung 9:Abschlussqote Simone

Die Abschlussquote von Simone beträgt 82,97.

Zusammengefasst ergeben die Rechnungen folgende Tabelle:

Tabelle 6:Quoten Mitarbeiter

Mitarbeiter	Mellie	Miguel	Simone
Telefonquote	80,56	77,95	41,08
Termineinhaltungsquote	73,09	85,06	52,63
Abschlussquote	41,82	90,48	82,97

Auffällig sind die unterschiedlichen Stärken und Schwächen. Verbesserungspotential ist bei allen drei Mitarbeitern vorhanden. Mellie hat gute Telefon- und Termineinhaltungsquoten, allerdings ist ihre Abschlussquote sehr gering. Miguel ist zwar einer der besten Mitarbeiter in der gesamten Fitnesskette, dennoch kann er seine Telefonquote noch weiterhin verbessern. Simone hat Defizite bei den Telefon- und Termineinhaltungsquoten, dafür aber eine sehr gute Abschlussquote. Eine Maßnahme zur Verbesserung des Vertriebes ist eine Spezialisierung der Vertriebsmitarbeitern und Arbeitsteilung. Mellie und Miguel führen die Telefonate aus, während Miguel und Simone die Beratungen und Abschlüsse machen. Da hier eine Doppelbelastung für Miguel auftritt, beteiligt er sich in beiden Feldern weniger, als seine beiden Kolleginnen. Weiterhin sollten die Mitarbeiter Schulungen besuchen und sich im Team permanent austauschen, da jeder von den Stärken des anderen profitieren kann.

4.2 Fluktuationsquote

	Dez Vorjahr	Jan	Feb	Mrz	Apr	Mai	Jun	Jul	Aug	Sep	Okt	Nov	Dez
Endbestand	3.700	3.800	3.860	3.870	3.879	3.925	3.938	3.930	3.952	3.971	4.005	4.024	4.046
Zugänge		133	128	126	90	89	70	61	67	83	97	123	133
Abgänge		33	68	116	81	43	57	69	45	64	63	104	111

Die Fluktuationsquote wird mit Hilfe der folgenden Formel berechnet:

$$\frac{Anzahl\ der\ Abgänge}{Durchschnittlicher\ Mitgliederbestand} \times 100$$

Die Abgänge für die 12 Monate werden addiert und für den durchschnittlichen Mitgliederbestand, werden die Mitglieder der 12 Monate addiert und im Anschluss durch 12 geteilt.

$$\frac{854}{3933,33} \times 100 = 21,71186441$$

Die Fluktuationsquote beträgt 21,71.

Mit der Annahme, dass die Fluktuationsquote 5 % weniger ist, also 16,71 %, ergibt sich folgende Rechnung:

$$\frac{Anzahl\ der\ Abgänge}{Durchschnittlicher\ Mitgliederbestand} \times 100 = Fluktuationsquote$$

Ausgehend von dieser Formel, löst man nach Anzahl der Abgänge auf:

$$\frac{Fluktuationsquote \times Durchschnittlicher\ Mitgliederbestand}{100}$$

$$= Anzahl\ der\ Abgänge$$

Dann setzt man die bekannten Variablen ein:

$$\frac{16{,}71 \times \frac{11800}{3}}{100} = Anzahl\ der\ Abgänge$$

$$\frac{16{,}71 \times \frac{11800}{3}}{100} = 657{,}26$$

Mit der veränderten Fluktuationsquote gibt es 658 Abgänge auf das gesamte Jahr. Der Jahresmehrumsatz errechnet sich aus der Differenz zwischen der Abgängen der alten, zu den Abgängen der neuen Fluktuationsquote.

$$854 - 659 = 195$$

Bei einer 5 % geringeren Fluktuationsquote sind es 195 Abgänge weniger. Da der durchschnittliche Nettoumsatz im Monat pro Mitglied bei 50 Euro liegt, ergibt sich folgende Rechnung:

$$195 \times 50 = 9750$$

Bei einer Senkung der Fluktuationsquote um 5 %, kommt es zu einem Jahresmehrumsatz von 9750 Euro.

5   Literaturverzeichnis

Schlaffke, W.& Plünnecke, A. (2015). Studienbrief

    Verkaufsmanagement (Rev.16.018.000). Saarbrücken: Deutsche Hochschule für

    Prävention und Gesunheitsmanagement.

6   Abbildungs- und Tabellenverzeichnis

6.1   Abbildungsverzeichnis

6.2   Tabellenverzeichnis